사랑은 때로는

사랑은 때로는

김재완 시집

月刊文學 출판부

| 서문 |

이 시집이 나올 때까지
물심양면으로 커다란 도움을 주신
최정훈 원장님의 만사형통을 기원하며,
주님의 은총과 사랑으로
'햇살이'와 '애플망고'가
튼실하게 무럭무럭 자라기를
바랍니다.

2024년 12월 5일
김재완

차례

서문　005

가로 1

간이역　012
그런 친구　013
꽃시계　014
낙타　015
낭중지추　016
넥타이핀　017
무지개　018
사랑니　019
나만 몰랐네　020
눈 내리는 밤　021
소쩍새　022
잡초　023
바늘길　024
너의 골동품　025
낮달　026
나무의 기적　028
사랑방 이야기　030
엄마의 봄　031
해와 달, 그리고　032
비눗방울　034

세로 2

같이 가자 036
놀러 와 037
지나가는 길에 038
너, 항상 그 자리에 039
어서 와 040
꽃 지면 042
둘이 나눠 봐 043
다시 보자고 해놓고 044
슬퍼하지 마 046
고장난 마음 047

넓이 3

삶이 그대를 속일지라도 050
비 오는 날의 수채화 051
짝사랑 052
단장취의 053
불쏘시개 054
탐진치 055
이 또한 지나가리라 056
잠수교 057

반려동물　058
몽니　059
별유천지비인간　060
그루터기　061

높이 4

산행　064
사랑이여, 너는　066
사랑은 때로는　068
빈 의자　070
서울로 가는 길　071
아니 땐 굴뚝에도　072
세한도　073
연을 날려 봐　074
봄날　076
바퀴벌레　077
시험　078
건강검진　080
어느 성자의 사랑처럼　081
들에 핀 백합화를 봐라　082
금지된 나무열매　084

부피 5

골목 안 문방구집 088
할아버지와 청바지 090
그녀의 부활 092
뻐꾸기, 둥지 위를 날다 093
오늘도 나를 버리기로 했네 094
지구공항 096
여우비 097
새앙쥐 098
멧비둘기 099
옛날 이야기 100
인생은 말장난이다? 102
동물의 왕국 104
그녀는 용감했다 106
창조주 또는 조물주 107
두향제 110
말할 수 없는 것에 대하여 침묵하여야 한다 112
짜라투스트라는 이렇게 말했다 114
능소화 118

1부
가로

간이역

간이역에는
추억을 팔고 사는가 보다
바쁜 사람들이
지나쳐 버리는 걸 보면

간이역에는
행복이 타고 내리는가 보다
급행 열차들이
지나가 버리는 걸 보면

행복은 종착역에 마중 나오지 않는다.

그런 친구

가장 좋은 물은
아무 맛이 없는 물이듯이
가장 좋은 친구는
아무 느낌조차 없는
그런 친구

물 없이는 살 수 없듯이
너 없이는 살 수 없는

꽃시계

사람들은 저마다 꽃이다.
바람에 흔들리고
비에 젖으며
피어나는 한 송이 꽃이다.

사람들은
언제 필지는 몰라도
저마다 다 달라도
제 시각에 맞추어 꽃이 피는
꽃시계이다.

낙타

낙타가 모래폭풍 속에서
주저앉지 않는 것은
별빛이 있어서가 아니다
등에 무거운 짐이 있기 때문이다.

내가 지금 넘어지지 않고
걸어가고 있는 것은
꽃길이어서가 아니다
내 앞에 등짐을 지고
당신이 걸어가고 있기 때문이다.

낭중지추(囊中之錐)

사랑하는 마음은
남몰래 감추어도
주머니 속에서 튀어나오는
송곳 같습니다.

사랑은
사랑하는 마음이 변할까 봐
가슴속에
아픈 상처를 남깁니다.

낭중지추(囊中之錐): 주머니 속의 송곳이라는 뜻.

넥타이핀

겨울옷을 벗는 봄날에
나는 너에게
넥타이핀 하나를 선물했다.

그리고 기도했다.
불어대는 봄바람에
너의 마음 흔들리지 않게
꼭 붙잡아 달라고

무지개

비 개인 아침
초록빛 강둑 사이에 걸린
너에게 주는
나의 반쪽짜리 약속반지
너와 함께 있어야만
이룰 수 있는 동그란
하나의 꿈

사랑니

이는
뽑으나 심으나
아프다

새들처럼
부리로
삼킬 수 없다면

나만 몰랐네

꿈결인가 했더니

잠결에
환한 너의 얼굴
달이었네

지금은 밤이었네

나만 몰랐네

눈 내리는 밤

눈 내리면 온다더니

가도 가도 눈길로

눈은 오는데
눈은 쌓이는데

오도 가도 못하나

창밖에 토끼 한 마리
두 귀가 눈 속에 묻힌다

소쩍새

달마가 동으로 온 까닭은
소쩍새 우는 소리 탓이다.

소쪽, 서쪽

굽이굽이 고갯길
휘영청 둥근 달밤에

소쪽, 서쪽

고달픈 인생길
잠 못 드는 달밤에

잡초

너는 꽃이라고 말했지만
나는 잡초라고 생각했다

밭에 피는 꽃은 잡초일 뿐이라고

나는 농부였다
잡초를 뽑았다

꽃밭에 서 있는 줄 몰랐다

바늘길

겨울옷은 두껍게 입을수록
추워 보이고

욕심은 많이 먹을수록
없어 보인다.

높은 산 위에 오르면
여러 갈래길들이 내려다보이듯이

내 마음을 비우면
절벽 같은 가시밭 속으로
낙타가 지나갈 바늘귀가 열린다.

너의 골동품

그런 시절도 있었지
신상품 매장 중앙에 자리를 잡고
VIP 사모님들의 입소문을 탄 적도
부잣집 혼수품으로 팔려나간 후
불난리, 물난리
산전수전을 다 겪었지
덤핑매장, 땡처리장, 쓰레기 하치장까지
이손 저손을 거치며 비굴하지만
살아남았지
온몸에 상처투성이
흠난 데, 꿰맨 데, 그을린 데
아침저녁으로 닦고, 또 문질러도
세월의 때는 지워지지 않아
초라한 몰골만 오롯이 드러나
부끄러울 뿐
누군가에게는 노리개였고
누군가에게는 애물단지였지만
볼품없고 쓰잘데 없는 나를 보듬어 주는 너에게, 나는
너의 행복한 골동품

낮달

당신처럼 되고 싶어
그 빛나는 모습
그 황홀한 눈부심이 부러워

밤마다 밤마다
생각하다가
밤을 꼴딱 새운 아침
당신은 내 눈앞에 있었네.

빛을 잃은 내 모습
싫어 싫어
창백한 내 얼굴
부끄러워 부끄러워

등 돌리는 나에게
건네준 그 말
너무 보고 싶었다는 그 말
너무 고맙다는 그 한 마디 말

당신의 환한 하늘 길을 지나
낮달은 이제 마중 나가요
밤길 홀로 걷는 나그네를

때가 되면 다시 만나요
안녕히

나도 너무 고마웠어요.

나무의 기적

나무는 푸른 옷을 벗고, 알몸으로
지옥처럼 타오르는 숯가마 속에서
속까지 다 타야 검은 숯덩이로 변한다.
메주가 숯을 넣은 장독 속에서
애간장을 태워야 잘 익은 장이 되듯이

그 옛적에
문설주에 금줄도 못 걸어보고
갈대강가에 핏덩이로 버려진 아이가 만든
검푸른 바다를 가르는 기적은
이집트 왕자가 그 옷을 벗고
광야에서 까맣게 잊힌 탓이다.
검은 숯덩이가 되었기 때문이다

폭풍우 치는 언덕,
짙은 안개 속에 작은 등불을 비추며
검은 그림자를 끌고 홀로 걸어가는
이름 없는 그대
가슴속에 천불이 나는가

살을 에는 추위에
벌거숭이 나무처럼 울고 있나
그 푸르던 날들을 그리워하나

그대, 숯덩이가 될 때까지 기다려라

죽어도 썩지 않는 숯덩이는
생속까지 까맣게 탄
이름 없는 나무가 만든 기적이란다.

사랑방 이야기

새 한 마리 날아왔다
또 한 마리 날아왔다
……
사랑방엔 새들이 가득차고
날이 밝았다

할머니는 새들만 소복이 남겨두고
정든 둥지를 떠나셨다

엄마의 봄

봄은 안 온 듯 온다.
새벽 안개 속으로
진눈깨비를 맞으며

봄은 없는 듯 지나간다.
남풍에 휩쓸려
파도 소리에 파묻혀

우산장수와 짚신장수를 둔
엄마의 짧은 봄은
이래저래 많이 소란스럽다.

해와 달, 그리고

달이 호수 위에 뜨면
해가 산 너머에 있단다

그대
홀로 걸어가는 오솔길에
달빛이 부서져 내리면
해님이
외로운 그대를 보고 있단다.
하얀 달빛 위에 찍힌 그대
젖은 발자국을 세고 있단다

달이 산 너머로 사라지고
바람이 불어오면
새벽이 다가오고 있단다
달이 진 호수 위로
바람을 날리며 눈부신
그 님이
걸어오고 있단다. 그대,

젖은 발걸음을 멈추고, 이제
얼굴을 들어라

비눗방울

크기도 제각각
색깔도 제각색 다 다르지만
모두가 동그란 비눗방울들처럼
높게 날든, 낮게 날든
어디 위로 날든

가볍게 이 세상 위로 날아가자.

누가 먼저 날아가든
어디까지 날아가든
어느 곳에 떨어지든

그렇게 이 세상을 살다 가자.

우리는 한 시대, 이 한 세상에서
크기와 색깔은 다 달라도
동그란 한 모양으로
함께 있었다는 것에
감사하자.

2부
세로

같이 가자

길섶으로 재잘대는
도랑물처럼
서로 심심하지 않게

같이 가자

엄마닭을 따라가는
병아리들처럼
서로 길 잃지 않게

같이 가자

너와 내가 마주보는
두 눈길처럼
서로 외롭지 않게

같이 걸어가자

자꾸 그림자 밟지 말고
등 떠밀지 말고

놀러 와

묻지 말고 놀러 와
한여름 소낙비처럼

잠시 놀다가
썰물 지는 저녁노을도
바라보며

골바람이 불 때 놀러 와
산나물 캐러
다시 이 봄이 안 올지도 몰라

지나가는 길에

소낙비 피하러 들어왔든
우연히 들렀든
어서 와

반가워
온 김에 놀다가
노래도 하고

나도 지나가는 길이었어
잘 놀다 가
내가 없어도

너, 항상 그 자리에

내 얼굴을 기억해줘서
고마워

내 이름을 불러줘서
고마워

바람이 불어와도
나부끼지 않고
그 자리에 서 있어 줘서

고마워

해질 무렵이면
길어지는 네 그림자를 따라
너에게 다시
돌아갈 수 있게 해줘서
더 고마워

어서 와

내 그럴 줄 알았어
번개처럼
첫눈에 널 알아봤어

직접 보니 더 예쁘네.
아침 햇살처럼 눈부시게 빛나네.

그날 말했지
다시 만날 거라고
둘이 걷던 별이 흐르는 강가에서
꽃봉오리를 보면서

어서 와
이곳은 처음이지
널 여기서 다시 만나서 반가워
창밖에 진눈이 내리지만

오는 날이 장날이라더니
마침 이곳은 봄이란다.

바람이 시샘하든
마음껏 너의 꽃을 피워 봐

너만의 향기 한가득
뽐내어 봐
멋지게

2023년 12월 5일 김하영(金河英) 출생을 축하하며.

꽃 지면

꽃이 시든다고
울거나
해가 기운다고
자리를 걷을 거나

꽃 지면
씨알들 맺힐테니
해 지면
아침이 찾아올테니

꽃이 시들면
봄맞을 준비하고
해가 기울면
뒷산자락 펼칠래

둘이 나눠 봐

눈물도 둘이 나누어 흘리면
조금은 우스워
약간은 히스테리 하지만
혼자 실없이 웃는 것보다는
덜 외로워

눈물도 둘이 나누어 삼키면
짭짤하니 괜찮아
혼자 숲속을 거닐며
찬이슬을 마시는 것보다도
더 시원해

다시 보자고 해놓고

노을 지는 언덕에 앉아
내 손을 꼭 잡고는

나는 천당에 너는 지옥에 있어도
다시 보자고 했지, 우리는
이 진흙더미에서 양자처럼 얽혀진

그런데 매번 전화를 해도
지금은 없는 번호라니

전부 텅 빈 말이었나
안봐도 다 안다고 잊어버렸나

햇살처럼 퍼지던 너의 체온
공기처럼 흐르던 너의 숨결

내가 볼 때마다 곁에 있겠다더니

보고 싶은 마음을 가슴속에 담아

뚜껑을 닫아두고 있으면
내 가슴속에 너가 있을 것만 같아
나는 두 입술을 꼭 다문다.

슬퍼하지 마

슬퍼하지 마
혼자 남아도
그날 말없이 집 나간 엄마가 생각나도

슬퍼하지 마
돈은 없어도
꼬박꼬박 돌아오는 월말이 무서워도

혼자서 슬퍼 마

겨우내 언 강물은 풀리는데
강 건널 배는 들어오지 않는다고

슬프고 싶을 때는
미리 연락줘
내 가슴이 더 아프니까

고장난 마음

고치다가
못 쓰게 되더라도
손때 묻은
내 마음

김빠진 압력밥통 같은
애물단지 자물통 같은

내 마음
고치다가 못 쓰게 되면
버리자, 확 바꿔
버리자

3부
넓이

삶이 그대를 속일지라도

언제 날아갈까
내 꿀단지 속에 파리들은

비 오는 날의 수채화

호수 위로 쏟아지는 빗줄기들
네 발자국에 고이는 불빛들

짝사랑

어쩌다, 네가 놓아둔 덫에 걸린
내가 엮은 내 올가미

단장취의(斷章取義)

네 입 속에 끼운 내 틀니,
사이로 빠져나온 밥알들

단장취의(斷章取義): 남이 쓴 문장이나 시의 일부를 끊어 내어, 그 전체적인 뜻이나 작자의 본뜻과는 무관하게 자기의 필요에 따라 인용하는 것.

불쏘시개

내 젖은 사랑이 아직도 불타는 것은
네 옆에 철수가 있기 때문이다

탐진치(貪瞋痴)

네 손에 쥔 천원짜리 지폐 속에
만개한 매화꽃 향기

탐진치(貪瞋痴)는 모든 번뇌(煩惱)의 원인이다. 번뇌란 사람의 마음을 괴롭게 만드는 것을 의미하며 사람을 괴롭고 불행하게 만드는 것이기에 독(毒)이라고 한다. 생을 괴롭게 만드는 세 가지의 독, 즉 탐진치는 인간의 삼독번뇌(三毒煩惱)라고 한다. 탐진치는 모두 사람의 마음속에서의 일어나는 것들이다. 탐(貪)은 탐욕 즉 이기적인 욕망을 뜻하고, 진(瞋)은 분노 즉 화, 불만을 뜻하고, 치(痴)는 어리석음 즉 무지 또는 착각을 뜻한다.

이 또한 지나가리라

화물열차가 지나간 선로 위로
관광열차도 지나갈 거야

잠수교

봇물 같던 내 사랑 다 마르고
보이는 너의 정겨운 얼굴

반려동물

내 안에 짐승 한 마리 있다. 오늘도
밥을 먹이고 있다

몽니

굴러온 돌틈에 낀, 박힌 돌이
몽땅 한 텃세

별유천지비인간(別有天地非人間)

쌀바구미가 없는 세상은
모심기도 품앗이도 없는 별천지이겠지

중국 당나라의 시선(詩仙)이라고 불린 이백의 시 「산중문답(山中問答)」에 나오는 시행으로 문여하사서벽산(問余何事栖碧山) 소이부답심자한(笑而不答心自閑) 도화유수묘연거(桃花流水杳然去) 별유천지비인간(別有天地非人間), '인간 세상이 아닌 별천지'라는 의미이다.

그루터기

고목이 피워낸 마지막 꽃봉오리
겹겹이 쌓인 동그란 세월들

4부
높이

산행

나는 안개 계곡길로 내려가니
그대, 들꽃 언덕길로 올라가라
먹구름이 장대비 되어 내리고
천둥이 울고, 벼락이 치면
가끔씩은 피해서도 가고
나뭇가지에 매달린 햇살이 반짝이고
풀잎을 흔드는 산들바람이 부르면
가끔씩은 쉬어서도 가라

나는 운무를 메고 내려가니
그대, 들꽃들의 속삭임을 짚고 올라가라
이따금 마주치는 이정표들을 좌표삼아
가다가 길을 잃으면
내가 오르던 흔적들을 따라 걸어라
정상에 올라서서 그대 발아래
내가 내려간 그 계곡이
그대가 오르던 그 능선이 내려다보이면

내 모습은 사라져 보이지 않겠지만

내 마음은 아지랑이 꽃으로
피어날 거다.

사랑이여, 너는

가시덤불 속에 떨어진 꽃씨였다
독사의 굴 속에 묻힌 보석이었다
호랑이 아가리에 내리는 봄비였다
불타는 산에 살고 있는 메아리였다

아픈 피흘림 없이
두려움 없이
외로움 없이 다가갈 수 없는 너

봄비 내리는 들길을 걸으며
나는
빛나는 보석상자를 가슴속에 품고
두 손에 가득 꽃다발을 들고
너를 불러본다

내 피가 된 이여
내 뼈가 된 이여
내 살이 된 이여

내 목소리 사라진 잿빛 허공 속으로
새 떼들 후드득 날아가고
물안개 걷힌 하늘 위로 무지갯빛 노을이
얼굴을 내민다

사랑은 때로는

사랑은 때로는
네 곁에서 떠나주는 것이다
구름이 걷히면 푸른 하늘이 빛나듯

사랑은 때로는
가던 길을 돌아서 주는 것이다
바람이 잦아든 풀들이 다시 일어나듯

그렇게 조용히
그렇게 살며시
구름이 걷히듯이
바람이 잦아들듯이 사라지는 것이
아름다울 때가 있다

사랑은 때로는
너의 속삭임을 잊어주는 것이다
흘러가는 구름에
불어오는 바람에
내 마음을 맡기는 것이다

드넓은 들판 위에 이름 없는 꽃이
피었다가 지듯이
새벽 하늘에 그믐달이 삭아지듯이
그냥 잊히는 것이
아름다울 때가 있다

내 그리운 사랑이여
항상 건강하고
이 한 세상 멋지게 살다가
봄날에 꽃잎이 휘날리듯이
초겨울 낙엽이 뒹굴듯이 그렇게 떠나길

그리고 어느 행성에서 다시 만나길 빈다
불꽃이 되어 가스가 되어
너와 나

빈 의자

한때는 푸른 나무라고 불렸지
그림자 짙은,
끝없이 하늘만 바라보고 자랐지
두려움도 없었지
그때는

빈 의자

이제는
누구나 앉으면 돼
그늘은 없지만

세월을 지고 가는
다리 아픈 사람은 누구나

제발 눕지는 말아줘

찬바람 속에, 갈 길 놓친
모기 한 마리도
앉으면 돼

서울로 가는 길

다들 가고 싶어 한다기에
아무나 가는 곳이 아니라기에
나도 무작정 길을 나섰네

갈 길이 멀다고 하여
가는 길이 험하다고 하여
앞만 보고 달려갔네

낯선 숫자들과 기호들
회칠한 뼈다귀같이 박힌 고층건물들
번쩍이는 도시를 가로질러

별들이 마중 나오는 그런 곳
이 목마름도 적막도 없는 곳이라고
참아 가며 뛰어갔네

아니 땐 굴뚝에도

아니 땐 굴뚝에도
연기가 난답니다.
산마루에 뭉게구름 피어나듯
벽난로 속에 젖은 장작만 있어도
바람 부는 날이면
아니 땐 굴뚝에 연기처럼
나는 피어오른답니다.

아니 땐 굴뚝에도
연기가 난답니다.
먼 길 떠나는 나그네는
검은 아궁이 속에 식은 재만 있어도
달이 밝은 밤이면
아니 땐 굴뚝에 연기처럼
그대 생각으로 흔들린답니다.

세한도(歲寒圖)

내게서
늘 푸른 너를 지우고 나면

내게서
가시처럼 박힌 잎들을 떼어 내고 나면

내게서
앙상한 곁가지마저 버리고 나면

내게서
가슴속에 파고드는 추위를 없애고 나면

흰 종이 위에
검게 먹칠한 빈 집, 그 뒷간
세월에 껍질진
마른 나무둥지 하나뿐

세한도(歲寒圖): 제주도 유배지에서 귀양살이하고 있었던 추사 김정희가 제자인 역관(譯官) 이상적(李尙迪)에게 1844년(헌종 10)에 그려준 그림으로, 한겨울 추운 날씨가 되어서야 소나무 측백나무가 시들지 않음을 비로소 알 수 있다〔세한연후지 송백지후조(歲寒然後知 松栢之後凋), 논어 자한편〕라는 의미를 담고 있다.

연을 날려 봐

그래
단장을 끊고 등가죽을 벗겨라
뼈를 추리고
피를 말려라

세월이 밟고 지나간
바퀴 자국으로 납작해진
방패연을 만들어라

그리고 날려 봐라
언 하늘 위로
찬바람 속에 연을 날려라
흘러내리는 바지춤을 움켜쥐고
겨울 들판을 달려 봐라

너가 올려다보는 하늘 위에서
나는 내려다본다
텅 빈 들판너머 지평선 위로

소리죽여 꿈틀대는 봄

움트는 새 봄을

봄날

그게 봄날이었어?
너가 날 사랑한다고 첫 고백하던 날이
내가 너 앞에서 등 돌리고 떠나던 날이
그날이 봄이었어?
겨울이 지났는데도 그렇게 춥던 날이
여름이 오기도 전에 그렇게 덥던 날이
지금 돌아보니 그게 봄이었네
아무것도 아닌 것에 분개했던 걸 보면
잠시 동안 내 정신이 아니었던 걸 보면
다시 생각해 봐도 그게 봄이었네
너의 얼굴이 설익은 복숭아처럼 붉었고
내 발걸음이 매몰차게 걷던 걸 보니
그래 그게 봄날이었네, 내게
풀벌레 보듯이 너를
대한 걸 보면

바퀴벌레

내 병든 사랑아
모두들 잠든 밤, 은밀히
그림자조차 달지 말고, 그렇게
어느 발로 왔는지도 모르게 물결치듯이
깜깜한 어둠 속으로 스르르
내 닫힌 창문은 두드리지 말고
문틈 새로 그렇게 들어와서
내 침대 머리맡에 소리죽여 놀다가
내 아픈 사랑아
그리고 소리소문 없이 떠나줘,
어떤 흔적도
아무런 자취도 남기지 말고
기억조차 묻히는 어둠 속으로
영원히, 다시는 너와 내가
만날 수 없는 곳으로
올 때처럼, 그렇게

시험

뒤늦게 치르는 시험
간간이 쪽지시험을 치르다가
나이가 들어
또 치르는 시험
문제는 고만고만한
이미 여러 번 다루어 본 문제이지만
매번 생소하고
힘이 드는 것은 왜일까

치열하게 치른 시험들이
끝남과 동시에 모두 잊혀지고
다음 시험에는 도움이 안 되니
예나 지금이나
입은 마르고, 가슴은 떨려 오고
어둠 속에서 잠들지 못하는

다만 그때는 몰랐지만
나이가 들어 치르는 시험은
붙든 떨어지든 큰 의미는 없는 것

모범답안은 이미
나와 있으므로

우리를 시험에서 벗어나게 해주소서

건강검진

차체, 년식, 제원 검사
엔진, 시동, 동력장치 검사
오일, 윤활유 검사
전기배선, 전자제어장치 검사
……

프로는 아름다웠다
조연은 더 감동적이었다
검사결과에 너무 염려할 필요가 없단다
빨간색은 다시 정밀검사 후 조치하면
된다고 위로한다
검사 대상에서 제외된 항목은
당연히 무시해도 된다고 프로는 말한다
운행과 무관한 사항들뿐이라고

그런데 너가 떠난 후 나는
멀쩡히 앓아누웠다
새까만 내 마음은
겨울나무에게 물어봐야 할까
찬바람으로 고쳐야 할까

어느 성자의 사랑처럼

한 마리 비둘기의 생명을 위해
자신의 온몸을 저울 위에 올려놓은
어느 성자의 사랑처럼
그런 사랑을 하고 싶다.

내 살과 뼈, 내 피의 잔을
내 육체와 영혼, 내 마음의 그릇을
너를 위해 차려진 재단 위에 올려
사랑의 이름으로 바치고 싶다.

마침내 하늘의 문이 열리고
천상의 노래소리 속에
한 송이 붉은 꽃을 피워
그 향기를 살라 올리고 싶다.

내 생명을 다 바쳐
나는 그렇게 사랑하다 죽고 싶다.

들에 핀 백합화를 봐라

오늘도 바쁜 친구야
바쁠수록 마음은 꼭 챙겨 다녀라
비가 오면 우산을 쓰듯이
햇볕이 따가우면 그늘로 걷듯이
그건 약아빠진 행동도
비겁한 행동도 절대 아니야
그건 당연한 거야
너의 건강을 챙기듯이 그런 거야

친구야, 멋진 친구야
너 자신을 아껴라
너의 마음을 뱀에게 주지 말고
너의 마음을 돼지에게 주지 말아라
그건 약아빠진 행동도
비겁한 행동도 결코 아니야
그건 당연한 거야
너의 몸을 돌보듯이 그런 거야

할 일이 많은 친구야

길을 가다가 갑자기 태풍을 만났니
지금 바람의 눈 안에 들어가 있니
머릿속이 깜깜하고 빙글빙글 돌고
몸이 종잇장처럼 날아다니는 것 같니
누구나 다 그런 거야
가만히 엎드려서 눈을 감고
바람이 어디서 불어오는지 더듬어 봐
그리고 바람의 가닥들을 세어 봐
하나, 둘, 셋……

오늘도 힘들겠지만 친구야
벌떡 일어서서 바라봐
다시 살펴봐
바람이 부는 들판 위에서도
네 옆에 피어 있는 백합화를 봐라
이제는 보일 거야, 너를 기다리며
바람 속에서도 꺾이지 않는
고개 숙인 너의 꽃
한 송이

금지된 나무열매

내 마음속에는
피를 데우고 근육을 움직여
돌밭을 갈아엎어 옥토를 만들고
당신의 햇살들이 푸른 나무처럼
자라게 해주는

내 마음속에는
절망과 수치들이 덤불처럼 자라나
나를 빚은 어둠속에 나를 숨기고 싶은
당신이 부르는 소리조차
두렵게 만드는

나무열매가 있다

당신의 목소리로 까마귀 떼를 쫓아내고
당신의 맑은 햇살로 썩지 않게 하여
향기로운 과일로 여물게 해야 하는
내 마음속에 나무열매

당신의 나무열매가
달려 있는 내 마음은 신비로운 과수원
나는 오늘도 일어나면
당신의 나무들을
살피기 위해 망대 위에 오른다.

5부
부피

골목 안 문방구집

골목 안 문방구집 아저씨는
볼펜을 몇 자루나 팔아야 월세를 낼까
공책은 몇 권이나 팔아야 아이들을
태권도장, 피아노학원에
대학에도 보낼 수 있을까, 몰라
집세가 올라도 너무 올랐어 학비도 너무
물려받은 재산이라도 있었을까
혹시 복권이라도 되셨나
궁금해
그 골목에서 멀리 떠나신 적은 있었는지
비행기는 타보셨는지
내가 초등학교 다니던 때부터
내가 대학을 다닐 때에도 언제나
그 골목에서 나지막한 나무의자에 앉아
여름이면 반바지에 반소매 차림으로
잇몸을 드러내고 웃으시던 아저씨가
문을 열고 있던 가게
조그만 문방구집

이제 백발이 되신 아저씨는
그 골목에서, 아직도 초등학생인 아들을
기다리고 계신다
내 기억 속 그 골목에서

할아버지와 청바지

할아버지는 통 넓은 청바지 입기를
좋아하셨다
평생 흙먼지 속에서 살아서 그렇다고 하셨다
할머니는 철없이 오지랖만 넓어서
그렇다고 하셨다.
나이가 들수록 옷은 자꾸 헐렁해졌지만
입던 옷이 제일이라고 말하셨다.
내가 군에 입대할 즈음에는
네피림의 바지 속에 들어 있는 것 같다며
놀리자, 할아버지는 웃으시기만 했다
내가 군복무를 마치고 집에 돌아온 날
할아버지를 닮은 아이가
청바지 속에서 놀고 있었다.
방긋이 웃는 아이를 안았다
세월의 무게를 반납한 듯 가벼웠다
내가 첫직장으로 출근하던 날
할아버지는 퇴근하셨다
그렇게도 보고 싶다고 하시던 할머니가
계시는 그 집으로

열무싹이 파릇파릇 돋는 밭고랑 위에

닳은 호미 한 자루와

흙 묻은 청바지만 남겨 놓으시고

그녀의 부활

아침에 일어나면서 그녀는 말했습니다
죽지 못해 산다고
잠시 후 친구가 아파트 평수를 늘여 이사 간다는
전화를 받고는 짜증이 나서 죽겠답니다
오늘은 낮에 어떤 남자친구를 만나러 가야 할지
무슨 옷을 입고 나가야 할지
머리가 터져 죽겠답니다
저녁에 티브이를 보다가 갑자기 이건
사는 게 아니라고 합니다
밤에 그녀는 침대에 누워 내일 할 일들을
생각하니 잠이 안 와 죽겠답니다
그녀는 오늘 하루에도
여러 번 죽다가 살아났습니다
그녀는 불사조입니다

나는 그녀와 살고 싶습니다
도대체 그녀가 평생 동안 몇 번이나 죽다가
부활하는지 꼼꼼히 세어 볼 요량입니다

뻐꾸기, 둥지 위를 날다

밤새도록 비가 내리고
아침에 또 뻐꾸기가 울었다
뻐꾹 뻐뻐꾹
우리는 바삐 일어나 출근했다
그날 밤에도 비가 내렸지만
아침에 뻐꾸기는 울지 않았다
우리는 모두 늦잠을 잤다
맑은 하늘에 날벼락이 떨어졌지만
뻐꾸기는 끝끝내 울지 않았다
우리는 뿔뿔이 흩어졌다
비 맞은 뻐꾸기 새끼처럼
꾸벅이며

오늘도 나를 버리기로 했네

그녀는 입술에 빨간 립스틱을 바르고
출근했다
나는 그녀를 훔쳐보았다
내 작은 손톱에 빨간 봉선화 꽃물을
들여 주던 누나가 생각났다

그녀가 가느다란 눈으로 나를 바라봤다
내 몸속으로 찌릿 전류가 흘렀다
열병으로 떨던 나를 껴안고 바라보던
엄마의 얼굴이 떠올랐다

그날부터 나에게 이 세상에 여자는
그녀뿐이었고
나는 그녀의 지킴이가 되었다

오늘은 그녀를 만나러 가는 길
그녀가 자리만 내어준다면 나는 그녀의
듬직한 머슴이 되리라
먹구름이 잔뜩 낀 저녁하늘이 이렇게

아름다운지 처음 알았다

나는 첫사랑 순이를 용서하기로 했다

저 멀리에 그녀의 여린 어깨가 들썩이고
있었다. 나는 그녀의 옆에 앉았다
그녀는 혼자 울고 있었다

그녀에게 이 세상에 남자는
내 등뒤에 앉아 있는 과장님뿐이었다
나 같은 노총각도 참 많은데, 하필

밤새도록 그녀의 젖은 사랑을 가득 싣고
나는 오늘도 나를 버리기로 했다
벌써 7톤 트럭, 77대분량이다.

지구공항

연중무휴인 지구공항에는 출국장만 있다
별을 향해 떠나는 사람들
가장 가벼운 몸차림으로
각자의 고향으로 돌아가는 길
별, 별, 이야기보따리를 들고

여기 플랫폼도 정해진 매뉴얼이 있단다.
1번 출구- 아파트 출입문을 잠그고 온 사람들
2번 출구- 아파트 출입문을 열어두고 온 사람들
그 옆에, 별 볼일 없는 사람들은 뒷문으로

너가 출국하는 공항에
나는 휴가를 내어 배웅을 나왔다
순번 없는 입장권을 받아들고 초조하게
기다리는 나보다도 먼저 탑승하는
너가 더 여유롭다
지구공항의 시간은 현재에서 과거를 향해
흘러간다. 그래서 미래가 빠진 현재는
여기도 저기도 적막하다.

돈은 얼마든지 낼 테니 왕복항공권을 끊어달라고
떼를 쓰고 있는 저기 저,
별난 사람만 빼면

여우비

여우비가 내리던 날
너는 사뿐히 떠났지
나폴대는 드레스로 꼬리를 감추고
결혼 축하곡에 맞춰 눈물까지 뿌리며
내 뒤통수에 날벼락을 내리꽂고는,
너를 태운 비행기가 맑게 갠 하늘 위로
쌍무지개를 그리며 날아갈 때
나는 시원히 다짐했어
다시는 너의 깜짝 둔갑술에
홀리지 않겠다고

그리고 빌었어
제발, 꼬리 없는
여우로 변신해 돌아오라고

새앙쥐

이 똘망똘망한 눈
꽃잎처럼 동그란 귀
날렵한 몸매에
요염하고 정숙한 걸음걸이
입댈 것 없는 예의범절을 차려입고 나온
나에게
너는 왜 자꾸 돌을 던지니
내 길 앞에 덫을 놓아 잡으려 하니
병균을 옮기는 시궁쥐도 아닌데
밭을 뒤집는 두더지도 아닌데
피를 빠는 박쥐도 아닌데
두 발로 뛰지는 못해도 두 발로 서 있을 수는 있어
수많은 실험실에서 모르모트로 난도질을 당해 가며
얼마나 많은 사람들의 목숨을 구했니. 알잖아
혹시 너, 고양이 편이니
뱀띠니
설마 식성이 특이하지는 않겠지

멧비둘기

부욱 부욱 뿌우―
멧비둘기 두 마리
산비탈 밭에서 흙먼지를 날리고 있다
요 며칠 전에 도심의 중환자병실 창가에
둘이 붙어 구슬피 울던
늙은 멧비둘기 암수 두 마리
상추, 부추, 돌나물, 돌미나리 밭고랑에
산어스름이 내리는데도
무슨 부애가 났는지 흙먼지를 날리며
숨이 붙어 있는 한 둘이 붙어
부욱 부욱 뿌우―
하루해가 떨어져도
숨 떨어질 때까지 말다툼이다
꼭두새벽부터

옛날 이야기

나 때는 말이야
배고픔이가 절대강자였지
학폭이, 조폭이, 따돌림이, 성차별이도
3일만 지나면 배고픔이에게 항복을 했지
그럼, 안면이니 체면이니는 바로 무릎을 꿇었어
그런데 오로지 거시기만은 배고픔이를
이길 수 있었지, 배고픔이가 거시기를
더 자극했던 거지
그래, 휴대폰도 티브이도 없던 시절이었어
밤12시전 강제로 집에 들어가야 하는
야간통금이 큰 역할을 했지

나 때는 말이야
장작을 잘 패는 놈이 가장 인기 있는
사윗감이었듯이 보름달 같은 얼굴에
엉덩이가 남산만한 여자, 무우 뽑듯이
애를 쑥쑥 잘 낳는 처자가
최고의 며느릿감이었지
열무 밭을 매다가

밭고랑에 애를 낳기도 했으니까
그 때는 말이지 딸아 하나는 뙈기밭 하나로,
머슴아 하나는 황소 한 마리로 치던 때였지
우리 아버지는 아들을 낳으려다가 딸만
내리 열 명을 낳은 큰엄마를 두고, 읍내장 과수댁에
쌀 한 가마니를 지고 들가서
나를 낳았지

나 때는 말이야
개하고 사람하고 차이가 옷을 안 입고
입고의 차이뿐이었지

그런 때가 있었지

인생은 말장난이다?

인생은 오르막 내리막이라고 그랬다
그건 산촌에 사는 사람들 말이다
인생은 풍랑 치는 바다라고 그랬다
그건 어촌에 사는 사람들 말이다
인생은 저 하늘에 한 조각 뜬구름이라고 그랬다
그건 농촌에 사는 사람들 말이다
인생은 결국 말장난이다?

태초에 말이 있었다고 한다.
말이 삼라만상을 창조했다고 한다.
이 세상에 말로 표현하지 못하는 것은
존재하는 것이 아니라고 누군가는 그랬다
그럼 말 못하는 삼룡이 인생은 갑자기
연기처럼 없어질까
그래서 말 많은 석미는 인생이
실타래처럼 꼬였나
그래서 말로 먹고 사는 내 인생은
엿가락처럼 굽었나

참말로 모르겠다
인생이란

동물의 왕국

아프리카 초원을 떠돌던
외로운 늑대 한 마리가
수백 마리의 들소 떼를 몰고 있다.
저마다 앞다투어 달리는 들소들
아빠도, 엄마도, 관절염을 앓는 할머니도
앞만 바라보고 달린다.
가슴속에 뿌리 깊은 두려움을 감추려고
눈을 돌려 등을 맞대고 달린다.
문득 늑대의 관등성명이 궁금해진,
덜 떨어진 들소 한 마리가 갑자기 돌아섰다.
"바라, 니 뭐꼬?"
"어여, 너그 아부지가 이딴짓 하라 카더나?"
물어보는데, 대답도 없이
늑대는 힐끔거리며 돌아갔다.
정신 나간 늑대는 울면서 달려왔던 거였다.
집 나간 아빠를 찾으러

오늘도 아프리카 초원 위에 들소 떼들이

풀을 뜯고 있다.

할머니, 엄마, 아빠 들소가 평화로이….

그녀는 용감했다

그녀는 용감했다
아니, 그들의 엄마는 저돌적이었다
뱃속에 든 씨알들에게 먹일 피를 찾아
야간을 틈타 치밀하게 설치된 방공망을
뚫고 잠입에 성공, 목표물을 향해 접근 중
프로펠러 소리가 청각감지기에 걸려
왜, 애~ 앵
긴급 상황에서는 육탄공격 백병전이다
그렇게 그들의 엄마는 마지막 순간까지
본업에 충실했다
암컷 모기는 내 목에 총대를 꽂고는
결국 피를 튀기며 산화했다
붉은 침자국과 가려움만 남기고
죽음과 맞바꾼 초라한 전리품이지만
본능은 그 어떤 비난보다 강했다

선잠에서 깨어나 승전보같이 받아든
새벽신문 기사; 검찰은 갓난아기를 창밖으로 던져
사망케 한 20대 여성을 구속기소했다

창조주 또는 조물주

자동차 정비소에서,
사용설명서대로 차량을 운행했는데도
자동차가 고장이 났다고 말했다.
충돌사고도 급발진한 것도 아닌데도
정기적인 점검과 소모품을 제때에 교체했는데도
왜 고장이 났는지 묻자
정비사는 웃었다. 나는 만든 사람이 아니어서
잘 모르겠고 현재 상태만 보고 메뉴얼대로 고칠 뿐이고
여기서 못 고치면 방법이 없단다
폐차하는 것이 더 경제적이란다
새 차를 살 돈이 없다고 하자
내가 일에 방해라도 되는 듯 은근히 짜증을 내더니
물건은 만든 사람이 그 물건에 대해서
가장 잘 안다고 충고조차 한다
나는 갑자기 화가 났다
왜 그런지 몰라도,
나도 나를 잘 모르겠다
엄마가 나를 낳았지만 우리 엄마는 초등학교 때부터
지금까지 너 같은 놈은 도대체 알 수가 없다고 짜증을 냈다

그럼 돌아가신 할머니가 날 가장 잘 알고 계신다면,
우리 엄마에게 나에 대해 잘 설명해 주셨을 텐데
물어 볼 수가 없어서 아쉽다

나는 도대체 누구인가
나는 무엇을 하면서 어떤 여자와 결혼하여
어떻게 살아가다 언제 죽을까
나를 만든 엄마가 나를 모른다면
할머니의 할머니 그 위의 할머니도 당연할 거고
그러면 최초로 할머니를 만드신 분은 아시겠지
나의 쪼그만 키부터 까맣고 빈티 나는 외모와
소심한 듯하지만 불칼 같은 성깔,
못 말리는 집착과 옹고집까지 모두 다,
그런 나를 가장 멋지게 쓰는 법도
잘못되면 올바로 고치는 방법도 아시겠지
나는 나를 잘 몰라도
그분은 나를 아시겠지
그래, 창조주 또는 조물주
나는 오늘부터 나를 만드셨다고

그렇게 장담하시는 그분의 말씀대로 살기로 했다
내가 무엇을 하며 어떻게 살아가든
왜가 아니라 있는 대로 살기로 했다.
왜…? 그건 만드신 분이 가장 잘 아실 것이니
그냥 그분이 가르쳐 주신 대로 살기로 했다
물론 어렵겠지만 그게 최선이니까
그렇지 않으면 더 최악이니까

두향제(杜香祭)

어르신, 저기 좀 보세요
그날처럼 매화꽃이 활짝 피었네요.
5월의 하늘이 굽이 도는 저 물길을 따라
우리 함께 거닐어 봐요

육신의 마지막 밤은 짧아
죽령고개 넘어 머언 발치에서
떠나시는 어르신을 등뒤로 배웅하고
돌아오는 길, 장회나루터를 건너
강가에 매화나무 한 그루를 심었지요

계절이 바뀌듯 꽃은 피고 져도
내 초막집에는 인적조차 끊긴 지 오래된
그해 겨울 밤 찬바람에,
끈 떨어진 거문고 줄처럼
빈 나뭇가지가 어지러이 울던 밤
어르신은 저 하늘 길로 떠나셨다는
기별을 받았지요.

내 아픈 마음

파란 매실처럼 알알이 맺히고
떨어진 꽃잎조차 사라진 강물
수심 그 깊은 속, 하늘과 맞닿는 그곳에
하얀 매화 꽃잎들이 수북이 깔린 그곳에
필경 어르신이 두향이를
기다리고 계실 줄 알았어요

오늘은 두향제가 열리는 날, 저기
우리 손잡고 가요
저 강선대 위에서 소녀가
어르신을 위해 거문고를 타드릴께요

두향제(杜香祭): 고향이 안동이었던 퇴계 이황은 48세에 단양 군수로 재직을 한다. 그곳에서 퇴계는 18세인 관기 두향(杜香)을 만난다. 그녀는 시문에 능하고 거문고 연주뿐만 아니라 매화를 좋아해서 퇴계는 그녀를 곁에 두고 아껴주었다. 두향은 퇴계가 단양으로 부임해 오면서부터 그를 일편단심으로 사모했으나 그러한 절절한 마음은 퇴계가 열 달 만에 풍기로 떠나면서 끝이 난다. 풍기로 떠나는 퇴계에게 두향은 매화 화분을 선물한다. 지금 도산서원에서 자라고 있는 매화가 두향이 준 매화라고 전해오고 있다. 퇴계는 "저 매화 화분에 물을 주라"는 유언을 남기고 마지막 숨을 서우었다. 퇴계가 단양을 떠난 뒤 두향은 지금은 충주댐(청풍호)으로 수몰된 강선대 아래에 초막을 짓고 홀로 지내다가 퇴계가 세상을 떠났다는 소식을 듣고 강선대에 올라 거문고로 초혼가를 연주한 후 남한강에 몸을 던져 생을 마감한다. 매년 5월이면 단양에서는 '두향제'를 개최하여 두 사람의 아름다운 사랑과 두향의 넋을 기리고 있으나 실증된 역사적 사실을 근거로 한 이야기는 아니라고 한다.

말할 수 없는 것에 대하여 침묵하여야 한다

그해 겨울은 길었습니다. 주님,
불면의 밤은 더욱 더 길었습니다
우리는,
말할 수 없이 많은 말을 하고 있었습니다.
인류의 기원과 진화
우주의 끝과 팽창속도 등
우리는 타임머신을 타고 다녔습니다.
우리가 누구인지
당신이 어디 계시는지 찾아다녔습니다.
무한의 끝에서 우리들의 코끝까지
그리고
우리들의 핏속까지 샅샅이 뒤졌습니다.
가끔은 별을 잡아먹는 블랙홀과 광기에 가득차
흥분한 화산위로 날기도 했습니다.
그러나 주님
우리들의 그 해 겨울밤은 아침 해가 떠오르고
곧 막을 내렸습니다.
우리는 양지 바른 곳에 앉았습니다.
너무 따뜻하고 행복했습니다.

아침을 굶은, 병든 병아리 같은
우리는 아무 말을 하지 않아도 아침 햇살은
따뜻했습니다.
말없이 서로의 얼굴을 바라보면 행복했습니다.

내일은 밥을 실컷 먹을 거라고 나는 동생에게
말할 때 너무 자랑스러웠습니다.
나는 왜 그게 가능한지 말하지 않았습니다.

말은 할 수 없지만 주님
내 동생 얼굴을 보고 느꼈습니다.
동생 얼굴이 그렇게 말했습니다.
말하지 않아도 다 안다고

말하지 않아도 당신을 느낄 수 있듯이

우리는 온종일 침묵했습니다.
그해 겨울도 말없이 지나갔습니다.
말할 수 없는 그리움만 남기고

짜라투스트라는 이렇게 말했다

―형제들이여 대지에 충실하라. 그리고 바라노니 천상의 나라에 대한 희망을 말하는 자는 믿지 말라. 그리하여 나의 황홀한 몰락이 시작되었노라.

집 앞 놀이터를 떠나던 날,
나는 차창 너머로 손을 흔드는 순이의 눈길을 애써 피했다. 나는 순이와 지낸 날들은 찢어버리기로 했다.
그런데 그날 산책길에서 진창에 빠져 채찍을 맞으며 허우적대던 말을 보면서 내가 물어뜯은 이 세상은 텅 빈 달팽이 등껍질 속으로 난 미로 같은 놀이터였다는 생각이 들었을 때 나는 마침내 순이에게 이 편지를 쓸 수 있게 되었다.

우리를 지켜보던 아버지는 내가 죽였다. 그리고 이곳, 자유로운 영혼들이 거리를 활보하는 몰락의 도시는 새벽 어시장의 생선 비린내처럼 신선하였다. 은폐된 죽음 속에 진화한 삶이 반복되는 이곳에서 나는 엄밀한 고증과 수차례의 시행착오를 거쳐 천형처럼 나를 옥죄던 가죽옷을 벗어던지고 드디어 우리가 그 장난감 가게 안을 들여다보며 늘 갖고 싶어 했던 그것이 되었다. 신비스런 원시종교 교주의 이름 같기도, 도심 속에 외딴 포장마차의 이름 같기도

하지만 나는 사람들로부터 위버맨쉬, 짜라투스트라라고 불리었다.

시련의 겨울이 지나면 다시 봄은 오고 어머니의 대지는 만물의 생명을 길러내고, 겨우내 무쇠처럼 머리를 짓누르던 하늘은 새 생명의 탄생으로 빛나는 나의 도시에는 고귀한 자도, 비천한 자도, 저주받은 자도 호흡이 있든 없든 새싹이 돋듯이 참을 수 없는 생의 의지로 넘치고 하루하루는 대지에 뿌리를 박고 하늘을 향해 뻗어 가는 푸른 나뭇가지들처럼 끝없이 다채로웠다.

그리고 누구든지 어디에서나 좌판을 깔고 어떤 물건을 만들어 팔든 사든 금지된 것이 없는 이곳에는 어김없이 아침이 오면 눈뜨는 감각들처럼 날마다 마르지 않고 샘솟는 욕망들이 넘치는 물건들로 가득하고 보이지 않는 손이 정글 속을 더듬듯이 철지난 상품이 사라진 자리에는 유행에 맞는 신상품이 출시되었고 팔리지 않는 물건은 있어도 쓸모없는 물건은 없는 이곳으로 머지않아 북쪽의 도시로부터 죽음과 갈등을 가득 싣고 한 무리의 장사꾼들이 올 것이라고 하였으나 그것은 그들의 몫일 뿐 나는 날마다 시장바닥의 수레바퀴속 다람쥐처럼 즐거웠다.

그러던 어느 날 몰락의 언덕 위로 비천한 자들이 던지는 돌팔매에 맞아 피를 흘리며 걸어가던 저주받은 자와 마주친 후 나의 영혼은 혼돈의 늪으로 빠져들었다. 마른 땅에 돋아난 연한 풀같이 볼품없는 그는 이 신성한 대지에 죽은 아버지를 몰래 묻으려다가 발각되어 해골이라는 처형장으로 끌려가고 있었다.

그런데 그의 등 위에서 죽은 줄만 알았던 아버지가 나를 바라보며 말했다. 짜라투스트라, 너는 나를 잊었지만 나는 너의 피 묻은 손 안의 손금처럼 한시도 너를 잊은 적이 없었다. 아니 수천만 년 전 어두운 숲속의 나무둥지에서 내려오던 너의 털복숭이 손을 잡아준 것도 나였다. 그리고 그는 또 말했다. 짜라투스트라, 애초에 비천한 자, 노예들에게는 나약한 신은 필요가 없었고 오로지 초인을 원했다. 네가 쇠망치로 내리쳐 깨부순 것은 그들이 만든 교활한 신이 아니라, 네가 엄마의 자궁 속에서 혼자 걸어가다 만난 그 음울한 용(龍)이었다. 더 이상 잃을 것이 없는 노예들은 신을 벗고 맨발로 마구마구 달리고 싶었다 이 땅위로, 어린아이처럼 춤추며 그때마다 호되게 맞았다 진창에 빠지지 말라고

마지막 혼줄이 끊기기 전에 짜라투스트라는 이 편지를 끝맺기로 했다. 첫사랑 순이에게 진창 속에서 허우적대는 운명을 사랑한다고

혼자 끌어안고 울다가 정신줄을 놓지 말기를 바란다는 당부를 남기고 짜라투스트라는 텅 빈 동굴같이 황홀한 그의 몰락을 끝냈다.

능소화

소화는
꽃다운 열여섯,
양갓집 능씨댁 아리따운 규수
담장 너머 세상이 하도 궁금해
남몰래 담장 위로 넘어보다가
여염집 총각에 눈이 멀어
날마다 애태우며 기다리다가
그만 담장 아래로 떨어져
꽃이 되었다네
가슴속에 불붙은 그리움들이
한여름날 담장 위를 붉게 물들인
슬픈 전설의 꽃이 되었다네

눈이 먼다는 전설

김재완 시집_ 사랑은 때로는

초판 인쇄 | 2024년 12월 1일
초판 발행 | 2024년 12월 5일

지 은 이 | 김재완
발 행 인 | 김호운
주   간 | 김민정

펴낸곳 | 사단법인 한국문인협회 月刊文學 출판부
주소 | 서울시 양천구 목동서로 225 대한민국예술인센터 1017호
전화 | 02-744-8046~7
팩스 | 02-743-5174
이메일 | klwa95@hanmail.net
등록 | 2011년 3월 11일 제2011-000081호
ISBN 978-89-6138-541-1 03810

값 12,000원

저자와 협의해 인지를 생략합니다.
잘못 만들어진 책은 바꾸어 드립니다.